NATIONAL GEOGRAPHIC

Observando a los chimpancés

EDICIÓN PATHFINDER

Por Peter Winkler

CONTENIDO

Pasando tiempo con chimpancé

POR PETER WINKLER

Estos simios africanos son inteligentes, sociables y siempre nos sorprenden.

"¿Dónde está Jane?" Nadie lo sabía. Jane Goodall, de cuatro años de edad, había desaparecido. Su mamá la buscó por la campiña inglesa durante horas. No tuvo suerte. Era el momento de llamar a la policía.

Luego vino alguien corriendo. Sí, era Jane. Tenía un olor espantoso. Tenía paja en toda su ropa. Y se reía.

Jane había estado en un gallinero. ¿Por qué? Bueno, quería ver cómo ponía huevos la gallina. Por eso, se sentó durante horas a esperar y observar.

La mamá de Jane no se enojó. La escuchó y apoyó la curiosidad de Jane. Ese incentivo impulsó una gran carrera.

DE POLLOS A MONOS

A medida que Jane Goodall fue creciendo, también creció su pasión por la naturaleza. Ahorró y viajó a África. Allí conoció a Louis Leakey, un científico famoso.

En 1960, Leakey envió a Goodall a un lugar llamado Gombe. Es una reserva natural en el país de Tanzania. El trabajo de Goodall consistía en estudiar a los chimpancés, un tipo de **simio**. Para eso, subió colinas empinadas y avanzó a rastras por selvas espesas. Al principio, los simios salían corriendo cada vez que veían a Goodall. Pero después de un tiempo, se acostumbraron a ella.

Goodall los observaba con entusiasmo, hora tras hora, días tras día. Tomó notas con esmero. Su trabajo le dio al mundo una nueva imagen de los chimpancés.

TRABAJANDO EN LA NATURALEZA

Entender a los chimpancés es una tarea enorme. Goodall creó el Centro de Investigación de Gombe Stream en 1965 para que otras personas pudieran ayudar.

Los investigadores de Gombe desayunan antes del alba y luego caminan por el bosque. Mientras tanto, los chimpancés duermen, en lo alto de los árboles. Se despiertan con el primer rayo de luz. Así que los investigadores tienen que estar cerca.

Trabajo soñado. *Cuando era niña, Jane Goodall (a la izquierda) amaba a los animales. De adulta, estudió a los chimpancés africanos (siguiente página).*

¿Qué pasa después? Bueno, eso depende de los chimpancés. Los investigadores generalmente siguen a un individuo o un pequeño grupo. Una científica, por ejemplo, estudia cómo los chimpancés cuidan a los más pequeños. Por eso, se concentra en una mamá y sus crías.

¡SIGUE A ESE CHIMPANCÉ!

Seguir el ritmo de los chimpancés es un desafío. Afortunadamente, se toman muchos recreos. Los chimpancés hacen pausas para comer, jugar, dormir la siesta y disfrutar de estar juntos. Como los seres humanos, son animales verdaderamente sociales.

Los chimpancés pasan mucho tiempo **acicalándose**, revisando cuidadosamente el pelo de los demás. Sacan cualquier suciedad o plaga. El proceso de acicalar relaja a los chimpancés. También fortalece su amistad.

El ocaso es la hora de ir a dormir. Alto en los árboles, los chimpancés hacen nidos con ramas y hojas. Se quedan dormidos enseguida. Luego los investigadores hacen una larga caminata de regreso a casa. Ha terminado otro día en la naturaleza.

¡No tan cerca! *Al principio, Jane Goodall tocaba y acicalaba a los chimpancés salvajes. Actualmente se mantiene alejada. ¿Por qué? Los científicos aprendieron que los chimpancés pueden contraer enfermedades de los seres humanos.*

PROYECTO DE CIENCIA EXTREMA

Como todos los científicos, los investigadores de Gombe recopilan **datos**, o hechos. Algunos tienen listas de control de lo que hacen los chimpancés. En momentos establecidos, cada observador de chimpancés toma nota de lo que está haciendo un simio.

Todas las noches, los investigadores crean un mapa. Muestra los lugares donde las personas vieron a los chimpancés ese día.

Los investigadores también usan cámaras, filmadoras y otras herramientas de última tecnología. Aunque la esencia del trabajo sigue siendo simple: se dedican a observar a los chimpancés. Escriben acerca de los chimpancés. Piensan en los chimpancés.

Todas esas listas de control, mapas, notas, fotos y videos se agregan a un montón de información. La observación de los chimpancés en Gombe se ha convertido en uno de los estudios más importantes sobre animales.

GRAN DESCUBRIMIENTO

Jane Goodall se llevó una gran sorpresa el primer año que estuvo en Gombe. Observó que los chimpancés "pescaban" termitas. Los chimpancés hurgueteaban colocando ramitas y tallos de hierbas cuidadosamente en el nido de una termita. A veces, cortaban tiritas de hojas de las ramitas. En otras palabras, ¡los chimpancés hacían y utilizaban herramientas!

Esa fue la noticia más importante. Los seres humanos creíamos que solo las personas hacían herramientas.

Algunos científicos se negaban a creerle a Goodall hasta que ella fotografió a los simios en acción.

Los chimpancés también usaban otras herramientas. Para obtener agua de huecos en las ramas o troncos, hacen "esponjas" estrujando las hojas. En algunos lugares, los chimpancés usan piedras para abrir las nueces.

¿SUENA FAMILIAR?

Los chimpancés son inteligentes. Pueden ser tiernos. Y pueden ser brutales. ¿Te recuerda a alguna otra **especie**? Sí, los chimpancés y los seres humanos son parecidos en algunas formas sorprendentes.

La mayoría de las madres chimpancés son protectoras, afectuosas y juguetonas. También son así los hermanos y las hermanas mayores. Ayudan a cuidar a los bebés. A veces hasta "adoptan" a chimpancés huérfanos.

Pero los chimpancés no siempre son encantadores. En la década de 1970, se desató una guerra mortal entre grupos de chimpancés. Un grupo fue eliminado. Y las madres algunas veces matan y se comen a los bebés de otras.

"Cuando apenas comencé en Gombe", dijo Goodall, "pensaba que los chimpancés eran más amables que nosotros. Pero el tiempo demostró que no lo son". Igual que los seres humanos, los chimpancés son buenos, malos y complicados.

Herramientas por todos lados. *Las termitas son sabrosos bocaditos. Para atraparlas, los chimpancés hacen herramientas. Los simios convierten las ramas en "cañas de pescar". El mayor descubrimiento de Jane Goodall fue, probablemente, averiguar que los chimpancés hacen herramientas.*

MAÑANA EN GOMBE

El Centro de Investigación de Gombe Stream comenzó con una mujer con carácter y binoculares. Actualmente, cuenta con investigadores dedicados y científicos visitantes. Mañana, antes del alba, todos volverán a dirigirse a la selva para seguir observando a los chimpancés.

Jane Goodall probablemente no vaya con ellos. Desde 1985, pasa la mayoría de su tiempo viajando. Les cuenta a las personas de todo el mundo sobre los chimpancés, y habla de la necesidad de salvarlos.

Vocabulario

acicalar: limpiar el pelo y la piel de otro chimpancé con los dedos.

datos: hechos.

especie: tipo de ser vivo.

simio: bonobo, chimpancé, gibón, gorila, orangután o siamang.

Territorios de los
chimpancé

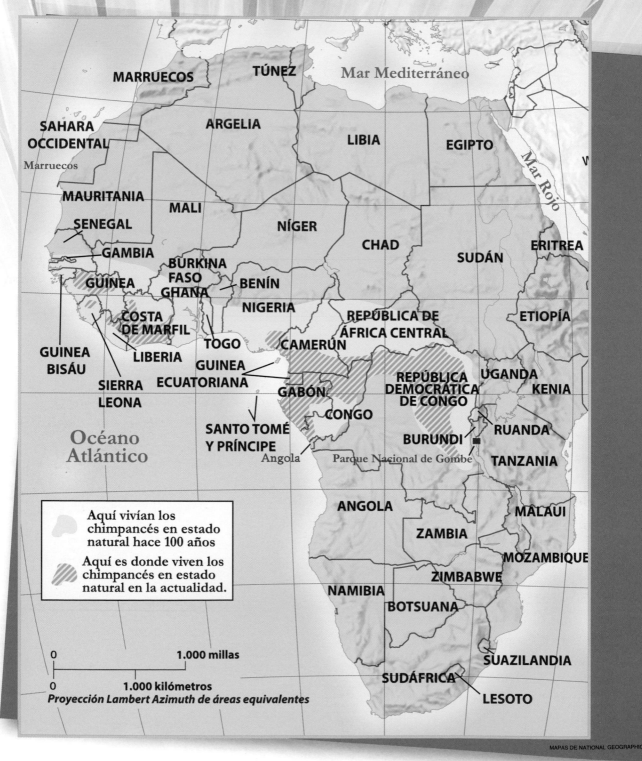

MARRUECOS · TÚNEZ · Mar Mediterráneo

SAHARA OCCIDENTAL
Marruecos

ARGELIA · LIBIA · EGIPTO · Mar Rojo

MAURITANIA · MALI · NÍGER · CHAD · SUDÁN · ERITREA

SENEGAL · GAMBIA

BURKINA FASO · GHANA · BENÍN · NIGERIA

GUINEA

COSTA DE MARFIL

REPÚBLICA DE ÁFRICA CENTRAL · ETIOPÍA

GUINEA BISÁU · LIBERIA · TOGO · CAMERÚN

SIERRA LEONA · GUINEA ECUATORIANA · GABÓN

REPÚBLICA DEMOCRÁTICA DE CONGO · UGANDA · KENIA

CONGO · RUANDA · BURUNDI

Océano Atlántico

SANTO TOMÉ Y PRÍNCIPE · Angola · Parque Nacional de Gombe · TANZANIA

ANGOLA · MALAUI

ZAMBIA · MOZAMBIQUE

ZIMBABWE

NAMIBIA · BOTSUANA

SUAZILANDIA

SUDÁFRICA · LESOTO

Aquí vivían los chimpancés en estado natural hace 100 años

Aquí es donde viven los chimpancés en estado natural en la actualidad.

0 — 1.000 millas
0 — 1.000 kilómetros
Proyección Lambert Azimuth de áreas equivalentes

Dos millones de chimpancés vivían en África hace un siglo. Su territorio, o hábitat, se extiendía miles de millas a lo largo del Ecuador.

Actualmente tal vez existan solo 150.000 chimpancés. Se enfrentan a la amenaza de la extinción, o de la muerte.

¿Qué sucedió? La población de los seres humanos africanos aumentó. Las personas necesitaban tierras, entonces talaron los bosques. Eso dejó a incontables chimpancés sin un lugar donde vivir.

Los seres humanos también matan a los chimpancés, a menudo ilegalmente. La "carne" de animales salvajes vale mucho dinero.

¿Podemos salvar a los chimpancés? No va a ser fácil. Las personas necesitarán encontrar mejores maneras de tratar a la Tierra.

Pero Jane Goodall tiene esperanzas: "Podemos cambiar el mundo".

Herramientas para observadores de chimpancés

Binoculares. *Lentes potentes que ayudan a las personas a observar a los chimpancés a distancia.*

Poncho. *El equipo impermeable es imprescindible para la temporada de lluvias.*

Silbato. *Los investigadores tocan el silbato para alertar a otros del peligro.*

Libreta para notas y cámara. *Los investigadores toman fotografías y escriben acerca de los chimpancés*

Cuidando al bebé

Demostraciones de fortaleza

por ti

Los chimpancés son animales sociales. Les gusta pasar tiempo con otros chimpancés. Son similares a las personas en ese aspecto. Los bebés chimpancés pasan la mayoría de su tiempo cómodos con sus mamás. Los hermanos chimpancés juegan juntos en el bosque.

Con todo ese tiempo que pasan juntos, los chimpancés charlan mucho. No hablan, pero sí emiten sonidos para demostrar cómo se sienten. Emiten chillidos, gruñidos, jadeos, silbidos, crujidos o rugidos. Cada sonido dice algo un poco diferente.

Los chimpancés también hablan muchísimo con sus caras. Igual que las personas, sonríen, ponen mala cara o fruncen los labios. Sus expresiones cambian según sus estados de ánimo. Entonces la cara de un chimpancé nos dice cómo se siente el animal. Un chimpancé tiene muchas expresiones que demuestran cómo se sienten.

Los chimpancés también utilizan gestos para hacerse entender. Un chimpancé puede hacer señales con la mano para que otro chimpancé lo siga. A veces, los chimpancés tienen berrinches. Mueven sus cuerpos de lado a lado y gritan. Pero los chimpancés también tienen un lado más amable. Se hacen bromas o cosquillas y se toman su tiempo para jugar. ¿De qué otra manera se comunican los chimpancés? ¿Qué dicen sus comportamientos?

Las mamás chimpancés pasan mucho tiempo mimando a sus bebés. Los chimpancés más chiquitos también reciben mucha atención de sus hermanos, hermanas y de otros miembros de su amplia familia.

Para parecer más fuertes, los chimpancés machos pueden hacer una escena bastante interesante. Corren alrededor del lugar, dan patadas, tiran cosas y hacen mucho ruido.

Saludos de bienvenida

Los chimpancés se tocan mucho. Eso es especialmente cierto después de haber estado separados. Se "saludan" con abrazos, gruñidos, palmadas y besos.

Observando

Los científicos aprenden sobre los chimpancés observándolos. ¿Qué significa realmente observar? Significa mirar con atención. Los científicos prestan esmerada atención a los sonidos que emiten los chimpancés. Miran cómo se mueven los animales y cómo reaccionan los otros chimpancés.

Parte de la observación tiene que ver con formular preguntas. Un científico puede querer averiguar cómo una madre cuida a su pequeño. Otro quizás quiera saber si los chimpancés tienen líderes. Estos científicos observarán, o estarán alertas a distintas cosas.

Mientras los científicos observan, también toman notas. Apuntan lo que ven y escuchan. Entonces observar no es exactamente lo mismo que mirar. Cuando miras algo, tus ojos lo ven. Cuando observas, tu mente lo visualiza con mucho mayor detalle.

No tienes que ir a un lugar muy lejano para observar animales. Puedes estudiar a una mascota. Comienza eligiendo una mascota preferida. Puede ser la tuya o la de un amigo. Luego utiliza la actividad de la página 11 para aprender acerca del animal.

animales

OBSERVA UNA MASCOTA.

¿Quieres averiguar más acerca de los comportamientos de los animales? Toma una libreta y comienza.

✏️ Observa una mascota todos los días durante una semana.

✏️ Toma notas acerca de lo que ves.

✏️ Cuando hayas terminado, utiliza tus notas para sacar conclusiones sobre la mascota y su comportamiento.

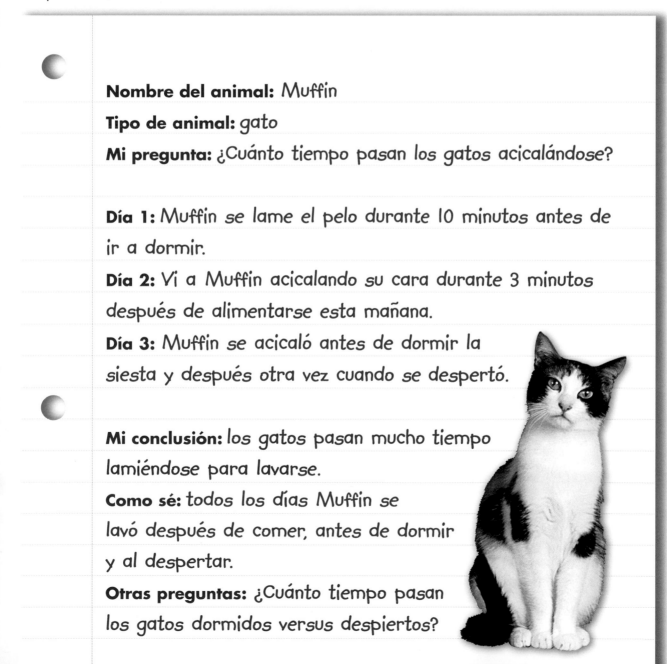

Nombre del animal: Muffin

Tipo de animal: gato

Mi pregunta: ¿Cuánto tiempo pasan los gatos acicalándose?

Día 1: Muffin se lame el pelo durante 10 minutos antes de ir a dormir.

Día 2: Vi a Muffin acicalando su cara durante 3 minutos después de alimentarse esta mañana.

Día 3: Muffin se acicaló antes de dormir la siesta y después otra vez cuando se despertó.

Mi conclusión: los gatos pasan mucho tiempo lamiéndose para lavarse.

Como sé: todos los días Muffin se lavó después de comer, antes de dormir y al despertar.

Otras preguntas: ¿Cuánto tiempo pasan los gatos dormidos versus despiertos?

Chimpancés

Es el momento de averiguar qué aprendiste acerca de la investigación sobre los chimpancés.

1 ¿Cómo influyó la niñez de Jane Goodall en su carrera como científica?

2 ¿Por qué los científicos dicen que los chimpancés son animales sociales?

3 ¿Cuál es la herramienta más importante que usan los investigadores de Gombe? ¿Por qué?

4 ¿Por qué las personas dicen que los chimpancés son buenos, malos y complicados?

5 ¿Cómo se comunican los chimpancés?